Q文庫

为什么要学习？

100 年無敵の勉強法

[日]镰田浩毅 / 著
郭佳琪 / 译

贵州出版集团
贵州人民出版社

100NEN MUTEKI NO BENKYOHO by Hiroki Kamata
Illustrated by Toshinori Yonemura
Copyright © Hiroki Kamata, 2021
Original Japanese edition published by Chikumashobo Ltd.
This Simplified Chinese edition published by arrangement with Chikumashobo Ltd., Tokyo, through Tuttle-Mori Agency, Inc.
Simplified Chinese translation copyright © 2025 by United Sky (Beijing) New Media Co., Ltd.
All rights reserved.

著作权合同登记号 图字：22-2024-069 号

图书在版编目（CIP）数据

为什么要学习？/（日）镰田浩毅著；郭佳琪译.
贵阳：贵州人民出版社, 2025. 1. – (Q 文库).
ISBN 978-7-221-18807-6

Ⅰ. G442-49

中国国家版本馆 CIP 数据核字第 2024EK6620 号

WEISHENME YAO XUEXI？
为什么要学习？
[日] 镰田浩毅 / 著
郭佳琪 / 译

选题策划	轻读文库	出版人	朱文迅
责任编辑	潘 媛	特约编辑	邵嘉瑜

出 版	贵州出版集团 贵州人民出版社
地 址	贵州省贵阳市观山湖区会展东路 SOHO 办公区 A 座
发 行	轻读文化传媒（北京）有限公司
印 刷	北京雅图新世纪印刷科技有限公司
版 次	2025 年 1 月第 1 版
印 次	2025 年 1 月第 1 次印刷
开 本	730 毫米 × 940 毫米　1/32
印 张	3.5
字 数	58 千字
书 号	ISBN 978-7-221-18807-6
定 价	25.00 元

本书若有质量问题，请与本公司图书销售中心联系调换
电话：18610001468
未经许可，不得以任何方式复制或抄袭本书部分或全部内容
© 版权所有，侵权必究

目录

前言　我们为什么要学习？　　　　　　　　　　1

第 1 章　令人煎熬的考试为何存在？　　　　　11

第 2 章　什么是"活学"？　　　　　　　　　27

第 3 章　秘籍公开！镰田学习法的"战略"与"战术"　　　　　　　　　　　　　　　47

第 4 章　考完之后的学习法　　　　　　　　81

后记　为什么要住在火山、地震频发的日本？　97
推荐书目　　　　　　　　　　　　　　　　　103

前言
我们为什么要学习？

进入小学后，我们每天都得写作业，还不断遭到家长和老师的追问："你学习了吗？"每当此时，大家心里可能都会浮现这样一个疑问：为什么要学习？

我想，大多数人大概都希望把时间用于自己喜欢的事情，而非学习。我自己在那个年纪也是这样，我总是在想："为什么非得学习？"

后来升入高三，眼看着就要考大学了，我又觉得"为什么会有大学入学考试这么麻烦的事情？""越叫我学习，我就越没动力学习！"，很多学生都有这样的心态，而本书就是为了解决这一问题而写的。

实际上，学习与否会让我们的人生"质量"大不相同。也许现在大家还不相信，但如果你好好学习了，一个更快乐、更丰富的未来将会等着你。这半个世纪以来，我都是这样充满热情地告诉年轻人的。

首先让我自我介绍一下。我是一名科研人员，从事"地球科学"领域的研究。简单来说，我研究"我们生活的这个星球是什么"。迄今为止我已经研究了四十多年，其中后二十四年我作为京都大学的教授给学生上课。在此期间，我也受邀给高中生和初中生讲课。

在我自己学习的过程中以及和学生的接触中，我日夜思考着"什么是学习?""怎么学习?""怎么让学生学习?"。这本书提炼了我对这些问题的思考,希望它能将关于学习最重要的事情传达给学海中的后来人。

◆ "活学"与"死学",你在怎么学?

学习的目的并不是大多数人期待的高学历、高收入、名誉等。当然,学习并不是与这些东西完全无关,可如果以这三者为目的,学习就失去了生命。

学习分为两种:一种是"活学";一种是"死学"。我希望大家都能够"活学",因为"活学"一定是快乐的,学着学着我们的人生就会变得更加光明。

与此相反,"死学"则枯燥无味,还会让我们讨厌学习。很多人在长大后都会说"学校学的东西根本没用",我觉得他们当时肯定是"死学"了,真是遗憾。

那么,"活学"到底是怎么一回事儿呢?一言以蔽之,就是在学习时你不由自主地会感到兴奋。

有一次我突然觉得学习很有意思,这让我自己都感到惊讶——这是我发现"活学"的瞬间,关于这段经历之后我会在书中细细道来。

总之,它带给我的冲击很大,在那一瞬间,我才发现之前自己经历了多少"死学"。也是自那以后,我决定要把今后所有的学习都变成"活学"。一旦懂得什么是"活学",我就再也无法回到"死学"了。

◆ 抓住"不被打扰的人生"!

"活学"无论学多久都不会腻,还会越来越快乐。而且,在"活学"的过程中,你能逐渐做到不再在意他人的目光。

其实,"活学"只是对自己而言的"活学",在周围的朋友和老师看来,这或许根本不像是学习。

更有甚者,也许我们正埋头"活学",父母却骂道:"你怎么没在学习!"但是没关系,只要你认为自己在"活学",就只管坚持下去。毕竟,学习是为了自己的人生,而不是为了父母、老师或朋友。

总之,迄今为止的所有学习里既有"活学"也有"死学",请大家先把这一点放进脑袋里。接下来就请轻松地翻阅这本书吧。

也许,在阅读的过程中你会突然间意识到什么。

那就是你开始"活学"的瞬间。同样也是在这个瞬间,你还开始了"专属于自己的不被打扰的人生"。

是的,每个人都有权利活出"不被打扰的人生",而学习真正的目的就在于为自己创造一个"不被打扰的人生"。凭自己的努力找到"活学",并且贯彻终身,你就能成为自己人生的导演。

大家感觉如何?从"为什么非得学习"这个问题出发,有没有感觉发现了新世界?有没有觉得稍微抓住了一点"属于自己的人生"?那么现在,让我们对"活学"进行一番更深入的思考吧。

◆ 一旦明白学习的益处,就不会重蹈覆辙

学习可以让我们看见以前看不到的东西。

那是一种巨大的喜悦。

相反,如果不学习,这种喜悦就永远不会降临。

话说回来,就算没能看见"以前看不到的东西",人也能快乐地生活。不感受"巨大的喜悦",也能度过自己有意义的一生。所以"不学习就会变得不幸"这种话,在我看来是完全错误的。

学习有益无益,其实是一件非常"微妙"的事情。实际上,并不是所有人都能清楚地意识到这一点。

但那些已经知道学习对自己有益的人,一定会十分自信地感受到"学习的好处"。

让我来把这件事掰开揉碎了解释一下吧。首先,学习可以开阔眼界。比如说登高楼,二层肯定比一层视线好,五层肯定比二层视线好,而站在六十层,肯定又比站在五层看得更远更多。登上高处,我们就能看见远处以前从未见过的景色。学习也是如此,它能让人看清未来的人生,给予我们更多选择。

这些选择指的并不只是"今天吃什么"这样的小事,而是意味着我们的人生之路将会变得更加宽广。

人生的选项肯定是越多越好吧。即使失败，只要看得够远，就能找到回来的路。

所以，明白这一点的人就会在心里偷着乐，觉得"学习可真好呀"。

其实，我就是偷着乐的其中一个。

◆ 京大学霸有"学习综合征"？！

不，确切地说，我曾经是这样偷着乐的人。对，曾经。不过从某个时期开始，我突然觉得我这样一个人独乐乐有些"说不过去"。

刚才自我介绍过，我是京都大学（下文简称"京大"）的教授，而我有这种感觉正是从我成为教授时开始的。在那以前，我在学习时一直只顾自己。

不过，只要自己学得快乐，我想世间无论什么人都不会对此加以指责。多亏了学习，我轻轻松松完成了初中、高中直到大学的学业，还找到了工作，运气很好地成了教授。

而教了京大的学生后，我惊讶地发现他们当中竟然有许多人都学得不快乐。

为了进入京都大学，他们一直努力学习，结果一进大学就扬言："这下终于可以从学习中解放出来了！"他们忍受着讨厌又痛苦的学习才考上了京都大学，这和我刚才所说的"活学"完全不同。

于是我开始为我的学生开设学习"咨询"。

我在课堂答疑环节仔细地告诉他们"学习其实很有意思""了解世界很有乐趣""学什么都可以""学习从什么时候开始都不迟"。

我就这样坚持了二十四年,直到从大学退休。这期间我眼看着这些学生一点一点发生了变化,我自己也从一开始讲不好课到最后被学生称为"京大最受欢迎的教授"(虽然自己这么说有点不好意思)。

对此我感到有些骄傲,这或许是因为我帮学生治好了"学习综合征"。没错,京大学霸也有学习综合征。不对,正因为他们是京大的学生,所以才会有这种综合征。

他们不断积累"死学",忍了又忍,才终于考上了京都大学。这确实是人生中的一件喜事,但他们却是在不了解学习真正乐趣的情况下走到了这一步。

学习在日语里写作"勉强",大概他们在考进京都大学以前,一直都在咬紧牙关"勉强"自己。不过我一直认为,这与真正的学习或许不太一样。因此渐渐地,我觉得未来大有可期的年轻人就这样下去可"说不过去"。

◆ "伪京大学生"很认真

这本书的目的,是找到与"死学"相反的"活学"。迄今为止只知道"死学"的人,现在调整成"活学"也完全来得及,慢慢地你就能切身体会到学习的乐趣。毕竟学习无论从几岁开始都不晚。

顺便说一句,我在京都大学上地球科学入门这门课时,从来不点名。因为如果点名,学生们就算不想上课,也不得不来上课。而不点名的话,就只有真正想听我课的学生才会来。

为了考勤而不情不愿地来上课,那是"死学"。相反,无论如何都想上课才是"活学"。

教室里除了京大学生,还有很多无关的旁听者。其中有显然不是学生年纪的中年男女,还有附近其他大学的学生。为什么我会知道这一点呢?因为我给大家发过调查问卷,大家在上面都写得清清楚楚。这些"伪京大学生"写下的提问、感想、意见里,饱含了渴望学习的"热情"。

在这些学生中,有一位从大阪府堺市赶来听课的学生,每次路上要花两个半小时,但他从不缺席。甚至提交了期末报告,成绩当然没的说,可以打100分,可惜他并不是京大的学生,所以我没法给他记成绩和学分。

但那位学生一定学得十分充实。所以就算没有学分,他也心满意足地路远迢迢赶来上课。不过作为教师,我非常希望告诉他,他的报告得了100分。我一直在等他主动报上姓名,告诉我"那个得满分的人就是我"。

◆学习是"百年无敌"的终身财富

读到这里各位应该已经明白,对他来说,每周来上课就是"活学"。希望这本书能让大家也向往这样的学习。

从现在开始也为时不晚。在这个世界上,一定存在着能让你意识到什么是"活学"的老师,本书也会告诉大家如何找到这样的老师。

这本书探讨了学习本来的意义和目的,旨在让大家找到高效的、尽量不吃苦就能轻松得到正反馈的学习方法。

书中有很多我从发现"活学"的中学时代起就不断实践的技巧,也有我在教导"讨厌学习""对学习有阴影"的京大学生的过程中,不断试错又改良的学习法。

为了向学生传达这些经验,我在2009年写了《终身受益的学习法》(《一生モノの勉強法》,东洋经济新报社)一书。十年后,此书经过全面改版、修订,又作为《新版 终身受益的学习法》(《新版 一生モノの勉強法》,筑摩文库)再次刊行。

书名中的"终身受益"其实包含着重大意义,即学习不是临时抱佛脚,目的不是通过考试或取得证书,学习的意义在于掌握受益终身的智慧。

这个道理也适用于中学生,因为在中学时学习的内容同样是终身的财富,学校里的学习是人生中不可或缺的重要经历。在这个"人均百岁"的时代，我希望大家都能掌握"百年无敌"的学习法。

我还在本书中特地总结了中学生在毕业前应该掌握的基本学习法，向大家公开了我和我的学生之间的"秘传绝技"。对此感兴趣的读者，可以直接从学习技巧部分开始阅读。希望与这本书的相遇能让你打开"活学"的大门，让学习成为一件愉快的事。

镰田浩毅

第1章

令人煎熬的
考试为何存在？

在前言中，我们曾讨论过学习是终身的财富，而在贯穿一生的学习中，有一种形式我们始终无法避免，那就是"考试"。从小升初到中考、高考，人生有着重重难关。因此，本章我主要想谈一谈我们应该如何更好地面对这些考试。

先说一个出乎意料的结论："考试对人生是有益的。"希望大家能认识到这一点，它也许会令你的备考不再那么煎熬。

大学入学考试[1]是人生中最重要的事情之一。对很多人来说，大学是接受教育的最后一次机会，也是鲤鱼跃龙门的里程碑。尤其对日本人而言，在大学入学考试中获取的知识和技巧非同小可。

每一位现在正在初中、高中学习的同学，你们的前辈——也就是我们——都经历过考试这一关。不论喜欢还是厌倦，考试确实使我们掌握了终身受益的重要能力。

近年来，许多大学都开始设置校园开放日。在这一天，大学教授会面向高中生授课，公开展示自己的研究室，或是由大学生介绍大学生活及社团活动。

每年京都大学的开放日，我都会公开自己的研究室，向来自全国各地的高中生开设讲座。我会介绍一

---

[1] 日本的大学入学考试与中国的高考不同，由各大学自主命题。一个学生可参加多所大学的入学考试。——本书脚注如无特殊说明，均为编者注。

些与地球科学相关的内容，例如由于日本列岛已经进入了"大地动荡的时代"，今后将频繁出现地震和火山喷发等自然灾害（本书的后记部分有说明）。

同时，我也非常热衷于向高中生解释"大学入学考试的意义"，其要点共有三条。

大学入学考试是一石三鸟！

首先，学到的知识将成为令你终身受益的基石。有人认为"为了考试而学习没有意义"，其实这个观点是完全错误的。

我认为，通过大学入学考试我们可以获得两种能力："内容学习力"和"技能学习力"。具体是什么意思呢？我们依次来看。

所谓"内容学习力"，是指将背下来的英语单词、历史年代和物理法则等知识进行实践的能力。就我个人而言，我在备考过程中习得的英语在我成为地球科学研究人员之后发挥了重要作用，因为阅读论文和撰写论文都需要使用英语。如果考试不考英语，我的英语水平一定会一塌糊涂。

与此相对，"技能学习力"则是指获取新知识的能力，例如安排考前的复习备考日程计划，争取在有限的时间里获得最大的成果等。通过不断积累这些经验，我们在今后就能更好地完成各项任务。

而备考正是掌握这两种能力的绝佳机会。至于如何具备这两种能力，后面我们会具体谈到。

我们继续来说大学入学考试的意义，它的第二个意义在于，备考能够拓宽自己的世界。我们之所以学习，是为了继承人类的"知识遗产"。我们每天都活在知识遗产之中，手机、飞机等在如今的生活中随处可见的机器都是科技的成果，更有哲学、思想、艺术等各个方面。通过扎实地学习这些内容，也许你就能发掘出自己出乎意料的潜能。

大家听过"文化修养[2]"一词吗？所谓文化修养，指的是理解世界多样性的能力。而要理解世界的多样性，就需要具备内容学习力。长大成人之后，我们之所以会产生好奇心，会对各种事物感兴趣，根源都是我们所学到的知识。因此，"备考学习就是填鸭式教育，会削弱好奇心"这一说法根本就是无稽之谈。

大学入学考试的第三个意义在于，通过考试可以找到更适合自己的方向。换句话说，就是能够获得"开发自己"的能力。在学习各门学科的过程中，我们可能会对某些意料之外的东西产生兴趣。实际上，我的很多同事都说自己是在高中时期发现了什么更适合自己。也就是说，大学入学考试为我们"探索自己"打开了大门。

2　日语原文为"教養"，但无法对应中文的"教养"，本书中译为"文化修养"。

到了20层，视野会更加开阔。
更能发现自身的潜力和能力！
便利而又快乐的生活，都建立在人类的知识遗产之上！
20F
天气预报
飞机
智能手机
游戏
互联网
3层比1层看得更清楚。
3F
1F
学习的阶梯

究竟是不明所以地备考学习，还是真正理解学习的意义之后再专注其中，结果将大不相同。希望大家从一开始就能深入把握学习的意义。

"轻松快乐的学习方法"必然存在！

学习一定是有技巧的。如果能发现各学科的有趣之处，就能开启快乐的学习。之后要做的，就是通过一些应试的技巧和窍门来提高效率。

当然，学习方法并不局限于某种单一的形式，大家可以多去尝试。很多学生一旦发现某种方法行不通就会直接放弃，但其实适合自己的学习法一定存在。只是需要大家不断试错和纠正，才能磨合出最适合自己的方式。

首先，我认为"时间战略"十分重要。具体来说就是要注重对时间的利用，按照自己的习惯合理安排时间。例如，找到自己学习效率最高的时间段（早上或者晚上）、合适的学习时长（能持续学习几个小时，或是学多少分钟需要休息多少分钟）、实现目标前的日程安排（哪一天复习笔记、哪一天整理题集、哪一天上补习班等），从而找到适合自己的方式。

顺便一提，即便对于已经顺利考上京都大学的学生，我也会时常引导他们反思自己的学习方法是否还有可改进之处，从而摸索出更适合自己的学习方法。

此外，在制订时间战略时，还要考虑如何让自己保持动力。做任何事情动力都很关键。为此，我们要尽量做到"收放"自如。

对在校学生来说，适当"放"，也就是放下学习，腾出休息时间是很有必要的。因此在制订日程计划的时候，最好安排每周一天的放松时间。在集中精力投入学习的过程中适当插入一些"放下"的时间，是保持动力的最好方式。

是享受学习，还是在学习中痛苦挣扎？结果会大相径庭。反正逃不过，那就努力探索轻松快乐的学习方法吧！只要去探索，就一定能找到。

如果无论如何都不见起色的话，就从自己擅长的科目开始。关于这一点我会在后文中具体阐述，总之完全没有必要害怕低谷期。

再者，学习方法随时都可以调整，不必一直坚守同一种方式。能时常对学习方法进行调整和改善才是一生受益的"技能学习力"，希望大家都能随时灵活调整并"定制"出专属于自己的学习法。

一年的努力将造就丰富的人生

如果仅从备考的角度来说，我想告诉大家：备考这件事不到一年就结束了,但这一年间经历的尝试和错误,将成为进入社会后持续终身的"生存力"。因此,我不仅将自己关于学习法的拙作命名为《新版 终身受益的学习法》,还在本书的标题中加入了"百年"[3]一词。

类似大学入学考试这样的大型考试,人生中寥寥无几。既然又有上文提到的三大益处,何不试着为此努力一年呢。在这一过程中你将不断地开发自我,并以此为契机,造就属于自己的丰富人生。

说完大学入学考试,我们再思考一个问题:为什么很多人要去大学学习?在谈论上大学的意义之前,我们先来看一下"什么是人生的成功"。一直以来我都在思考这个问题,我想可以分为以下三个方面。

第一是关于工作。对高中生而言,学习就是工作。换句话说,专注于眼前的事情,努力取得收获,在这一过程中不断成长就是成功。

第二是关于人际交往。人总是活在集体之中,身边有朋友、父母、老师等,或多或少都要与周围的人打交道。如果能在一个良好的人际关系中生活,仅此一点也可称之为成功。

第三是关于兴趣爱好。所谓兴趣是指做喜欢的事情、快乐的事情,度过兴奋激动的时光。读书也好,

---

3 此处指原版书名《100年無敵の勉強法》。

看电影也罢，或者热衷于体育活动和制作美食，都属于兴趣爱好。它不同于工作学习和人际交往，但毫无疑问可以使你的人生更加丰富。

工作、人际交往和兴趣爱好，我想这就是成功的三大要素，而这三个要素其实都和备考学习息息相关。因此，备考的目的绝不仅仅在于通过考试，实际上，我们在备考过程中收获的东西直接关乎着人生的成功。

关于想象训练的建议

刚才我们提到了成功的三大要素，那么要怎么做才能实现成功呢？我鼓励大家首先试想一下自己期望达到的目标，在脑海中刻画出成功的具体画面，这就是所谓的想象训练——一种体育界很常用的方法。

2018年平昌冬奥会的男子花样滑冰比赛中，受伤后再次复出的羽生结弦在克服重重困难后一举夺冠。在比赛的过程中，他不断在脑海中想象自己完成高难度动作阿克塞尔四周跳的样子并全力以赴，最终成功获得了金牌。

所以，各位读者可以先想象一下自己考上大学的情景，想象你考上了心仪的大学并且要给学弟学妹们分享经验的场景。

另外，遇见好的学习方法要立刻践行。我想学校或者补习班的老师都会传授大家一些必要的考试技巧，好的技巧如果得不到实践就没有任何意义。所以首先要自己尝试，在进行刚才所提到的想象训练的同时，将学到的东西逐一实践。

总而言之，一要想象成功，二要落地实践。

通过考试获得的知识和技能是一生的财富

我们从大学入学考试中学到的东西并不会考完就忘，更是终身受益的重要能力。这也是我从事地球科学研究近四十年来的深刻体会，例如英语，就是受益一生的能力之一。

相信很多步入社会的人都能感同身受，进入社会后，开展各项工作的基础其实就是我们在考试中拼命学习的内容。年轻的时候头脑灵活，所以这个时期获得的知识和技能几乎可以说是一生的宝贵财富。人在某一时期拼命钻研学到的东西可能会暂时被遗忘在某个角落，但绝不会就此凭空消失。

再者，大学入学考试学到的内容就算不和工作直接相关，也一定会在某个看不见的地方发挥作用。换句话说，考试的学习内容其实是人生文化修养的基石。

例如，在我们理解世界局势、解读未来动向的时候，世界史、日本史或者是地理知识就会成为重要的基础知识，语文学科中学到的古文或汉文则是我们了解日本人和东亚人思维方式的重要手段。

而备考就是这样一个绝佳的训练期。它让我们学会如何高效获取新知识，并让这些知识完全内化为自己的东西。

顺便一提，我经常听到一些经管类图书的读者说"回首自己的人生，大学入学考试是最拼命学习的时候"。其实"拼命学习"本身就是一种宝贵的能力。制订目标并为实现目标而努力，这种能力不仅在考试中，在今后的人生中也会发挥重大的作用。

因此，本书的最大目的就是帮助各位读者去发现和挖掘自己的潜力。很多读者朋友还没有意识到自己过往经历的重要性，没有意识到自己所具备的能力，因此会像前面提到的京大学生一样对自己抱有不必要的自卑感。

我想大家也许低估了自己在备考过程中的收获，而让人意识到这一点正是学习的重要作用之一。请在脑海中想象一下努力克服自卑感后全新的自己吧。

考试绝非徒劳无用，甚至可以说"终身受益的学习法无一不来自考试"。

关键在于，不要纯粹为了应付考试而学习，而是要把它转化为掌握终身受益的学习方法的一次绝佳机会。如此一来，无论什么时候，无论面对什么情况，我们都会具备解决眼前问题的超强能力。

如何度过"活着的时间"？

接下来，我想继续谈谈"为什么要学习"这一问题。以下都是我的经验之谈。

在京大的课上，我常对学生们说，人生最重要的是过好"活着的时间"。意思是不论做什么，都不要荒废自己的时间，要让自己的每分每秒过得充实而有意义，也就是减少人生中"死亡的时间"。

另一件重要的事情是"时间由自己决定"。也就是说，我们有权决定自己的24小时如何度过。握住时间的主动权，就能将自己的时间从"死亡的时间"调整为"活着的时间"。

学习也是一样。学什么、怎么学、什么时候学等都由自己决定。要度过怎样的人生，也由自己决定。

学习塑造人生，莫大的幸福会青睐享受学习的人。英国哲学家弗朗西斯·培根（1561—1626）曾说过："知识就是力量。"

去继承振奋人心的"人类遗产"吧

想必各位读者都曾在人生的各种考试中全力以赴，可是你为什么而学，大家对这个问题是否深入思考过呢？当然，对考生来说，也许仅仅是因为明年有

你的一生

死亡的时间	活着的时间

- 没精神…… → 减少无聊的时间
- 充满活力 积极向上 → 增加充满活力和意义的时间

为此需要学习！

学习也分为 "死学" 和 "活学"

- 好无聊……
- 真有意思！

考试。但我想，学习的原因应该不止于此。在进入大学之前，希望大家都能先认真地思考这一问题。

往大了说，我认为学习就是为了继承人类的文化遗产。前文提过，不管是手机、电车这种科技成果，还是中国哲学、西方哲学这种思想成果，我们无时无刻不活在前人积累与沉淀的遗产之中。

认真学习这些遗产和成果，我们就能够发掘出许多不自知的内在潜力。换句话说，沉睡于自身内部的某种力量就会喷涌而出。

拿我自己来说，其实我在大学时期并不认为学习多么有趣，直到步入社会之后邂逅了"火山"这一主题，我才第一次感受到学习是快乐的。之后，我就在地球科学国立研究所专注于火山研究长达十八年，后任职于京都大学，从事地球科学和学习法的教学工作二十四年。

如果不了解那些人类遗产和知识的精华，给学生讲课就没有说服力。正因为我还拥有许多除火山和地球以外的知识，才能成为京大最热衷于教育的教授，让学生们爱上学习。

不光是专业知识，我也会讲一些非专业的知识。我这种教育方法的根基就是高中时期的学习储备。不论是我感兴趣的科目还是不感兴趣的科目，总会在我的脑海中留下一些记忆。很多高中生都只是为了考试而学习，其实高中学到的知识能让人终身受益。

因此我坚信,学习是一件丰富自我的、了不起的事情。了解人类文化遗产的第一步其实就在看似平凡的学校学习中,愿大家从一开始就能意识到这一点。

第 2 章

什么是"活学"?

在前言中我曾提到,学习有"活学"和"死学"两种。幸运的是,只要知道了"活学"的有趣之处,就不会再回到老路上。

为了让大家更深切地体会到这一点,在本章我会做更具体的介绍。首先,让我们来思考一下什么是"活学"。

之前说过,通过学习可以获得的能力分为两种——"内容学习力"和"技能学习力"。我想从如何掌握这两种学习能力开始说起。

学习终身受益的"内容"

我们先把之前讲过的东西再复习一遍。第一种学习能力——"内容学习力"中的"内容"原为英语"contents",翻译过来就是"内容"的意思。大学入学考试的考试科目包括物理、化学、世界史、日本史、现代文、古典名著、英语等,我们需要学习很多具体的知识。能将记住的知识——数学公式和物理定律——原封不动、正确使用的能力,就是内容学习力。

其中,英语单词、历史年号、元素符号、生物分类名称等全部都是日常生活中需要用到的内容。这些当初为了应对考试而掌握的具体知识,在我们进入社会后随时都可能发挥作用。这就是掌握内容学习力的意义。

我自己在处理各种各样的工作时，也切身感受到了内容学习力的重要性。如今，英语已经成为世界通用的语言，在自然科学界，几乎所有的论文都会用英语来写。当然，也包括研究火山的论文。

因此，要做科研，必须先学英语，这样才能了解其他科研工作者发表的最新成果。除此之外，自己的研究成果也必须用英文来撰写。也就是说，能用英语阅读和写作是科研工作者的必修课。而这又和我们当时做英语阅读、写英语作文是完全一样的步骤。

另外，我经常会去国外参加国际学术会议，在那里有机会和各国的科研人员及各种组织的工作人员交流，此时英语听力必须过关。不仅如此，口语能力也是必需的——即使说得不好，也要让对方能理解自己的意思。

也就是说，阅读能力、写作能力、听力、口语能力这四种能力都很重要，而掌握这些能力的最好机会就是应试学习。至少写作能力和阅读能力，如果不在应试学习中锻炼，之后可能就没有机会提高了。

我现在能用英语读论文、写论文、和国外的科研人员对话，是高中的时候拼命学习的缘故。如果那个时候没有努力学英语，现在也就不可能去国外做调查、用英语发表研究成果了吧。所以即使从工作的角度来说，在应试备考中掌握英语也很重要。

让我们再来看看我所教的京大学生。在大学入学考试时，他们的英语能力都是顶尖的。而一旦考试结束，他们的英语能力就会大幅下降——因为上大学之后他们就不怎么学习英语了。

当他们到了大学四年级，需要准备研究生入学考试时，发现英语是必修课，于是又慌忙开始重新学习英语，或是就业后因为苦于英语能力薄弱，重新报各种英语学习班。

因此，我经常建议学生们至少要将英语能力恢复到大学入学考试时的水平。为了达到这一目标，可以复习当时考试时用的参考书。在大学入学考试中，大家已经将英语学到了相当高的水平，只要勤加复习，就会终身受益。这就是内容学习力的优势。

"分配时间"和"选择信息"的技能

另一种能力是"技能学习力"。所谓技能学习力，就是"学习的方法"。Know-how[4]，即"知道方法"的意思。

让我们来看一看具体案例。在学校学习是为了准备期中考试、期末考试和大学入学考试等各种考

4　本书"技能学习力"的日语原文为ノウハウ学力，"ノウハウ"即"know-how"的音译。

试。所以,学生们首先会思考考试要考什么,然后基于考试要求掌握的学习内容和期限,给自己设定一个合格的目标。在思考如何达成这一目标的过程中,我们就能掌握与学习法相关的技能。这是技能学习力的本质。

备考尤其会教会你如何有效地利用时间。越临近考试,人通常就会越珍惜时间。所以有些人平时学习一直拖拖拉拉,但一到了高三就会突然变得雷厉风行。

为了考上理想的大学,我们必须想办法合理利用自己的时间,也就是执行我前面所说的"时间战略"。如果能做到这种程度,我们也就同时掌握了技能学习力。

此外,在为备考而学习的过程中,处理信息也会变得更加高效。人们常说"处理信息的方法很重要",这是因为通过互联网可以轻易获取大量信息,如果不能灵活取舍,就会淹没在信息的洪水中。也就是说,我们需要具备分辨什么重要、什么不重要的能力。

而通过长时间的备考,我们的确可以掌握这种取舍选择的技巧。反过来说,如果人生中没有这样的困难,我们也许就不太有机会掌握这种能力。所以应试学习其实是让人学会利用时间和做出选择的宝贵机会。用这种积极的态度去理解应试学习,我们学起来也许就会更有干劲。

内容学习力

- 英语单词
- 英语语法
- 历史进程
- 物理公式
- 元素符号
- 生物分类
- 等等

通过备考　你可以掌握！

- 如何利用时间
- 如何推进学习（以达到所设定的目标）
- 如何筛选有效信息
- 等

技能学习力

应试学习时期掌握的经验与技能,可以使我们终身受益。所以不要以为学习只是为了考试,备考实际上是人生中最宝贵的时期。

规划未来的"战略"和"战术"

在掌握了内容学习力和技能学习力后,我们就会明白自己擅长什么,也会逐渐明白自己是什么样的人,要过一种怎样的生活。而弄清楚了这一点,就可以找到自己在社会上的立足之地。

也许大家之前并没有意识到,在我们全盘规划自己人生的时候,备考也有着隐藏的重要作用。在这里姑且使用"战略"这个词吧,经常与它一起出现的还有"战术"一词。

所谓"战略",就像前面提到的"时间战略"一样,是指建立一个大框架。例如思考自己想成为什么样的人,想做什么。而"战术"则是指具体考虑学数学要用什么参考书、按照什么样的顺序学习等。

战略和战术原本是军事用语,如今已经成为商业领域的重要思维方式。宏观的战略和技巧性的战术可以使学习更加高效,所以中学生也需要制订学习的战略和战术。

不仅如此,从规划人生的角度来说,战略和战术也十分重要(关于这一点,前文提到的《新版 终身受益的学习法》一书也有涉及)。

例如,思考自己将来想成为什么样的人,选择文科还是理科,这些都是宏观战略。在此基础上,思考如何在大学入学考试中取得理想的分数就是战术。从这个意义上来说,大家应该从高中一年级开始认真思考大学入学考试的战略和战术。

我强烈建议中学生们,无论做什么事,都要从一开始就思考战略和战术。

"选择擅长的,而不是喜欢的"

刚才我们提到了规划人生,但有的人兴趣爱好广泛,无法确定自己将来想从事的职业、想做的工作。在这种情况下,应该如何确定自己该走哪条路呢?

这个问题的答案就是——选择喜欢的事情,不如选择擅长的事情。学校的职业规划课程也许会告诉大家:"找到自己的兴趣所在,然后朝着那个方向走下去。"但我会建议学生与其选择"喜欢的方向",不如选择"擅长的方向"。

其实我高中的时候喜欢文科。但相比世界史和日本史,我更擅长物理和化学,因为我记不住人名和年号,而只要知道某个公式,就能解决物理和化学的问题。因此,最终我没有学文科,而是选择了理科。一开始我想考东京大学理科一类,但到了临近考试之际，我明白自己的成绩已经完全没有提高的空间，于是赶紧换成了分数偏低一些的理科二类。

如果考理科二类，进入大学后就需要学习生物类课程。虽然我之前完全没学过生物，但为了考进东京大学，我还是换成了理科二类。换句话说，我的想法是尽力达成最低需求，再继续前进。

日本人容易陷入完美主义，而我将自己的方法称为"不完美法"。具体到大学入学考试来说，就是放弃完美主义，无论如何先考进理想的大学再说。只要考进大学，之后总会有办法的。

你可以在大学里转专业，或是研究生再选喜欢的专业。如今有很多大学生在本科时学习文科类专业，研究生却考上了理工科专业。在很多大学里，专业或多或少是可以重新选择的，大家要灵活使用转专业的制度。

再进一步说，人生或多或少也可以重新选择。因此，没有必要拘泥于最初决定的目标。

在这里，我想传递一个重要的信息。事实上，学习方法中最重要的部分其实是弄清楚自己"不应该学习什么"。也就是说，首先要舍弃"必须学"的观念，摆脱执着、不安的状态。

还有一点也很重要——通过"活学"掌握的知识一生都不会失去。就像学骑自行车一样，一旦学会了就永远不会忘记。

说到底，学习就是为了找到自己喜欢和擅长的领域，并不断精进。如果没有想清楚这一点，就有可能制订不切实际的目标，导致无休止的徒劳努力。所以，我们必须想清楚自己"不应该学习什么"。这是一切学习的基础。

能否享受偶然

我总是在享受偶然。我对学生们说："人生充满了偶然，关键在于能否享受这种偶然。"所以，让我们从我的专业——地球科学开始谈起。

46亿年前地球诞生，38亿年前生命诞生。在这38亿年间，发生了翻天覆地的变化，但生命却没有灭绝。

到底发生了什么呢？古生代（约5亿—2.5亿年前）将要结束时，火山突然剧烈喷发，地球上95%的生物灭绝，地球从此迎来中生代。而在中生代（约2.5亿—6500万年前）结束时，一个巨大的陨石撞击地球，恐龙因此灭绝，地球从此进入了新生代。

这类大灭绝事件一共发生了五次，每次都有大量物种因此灭绝，同时，也有幸存下来的少数物种占领了当时荒凉的世界，进而统治地球。也就是说，地球上的生命被一次次偶然所左右，又在这一次次偶然中顽强地生存了下来。

地球的历史

原始地球

46亿年前 = 地球的诞生

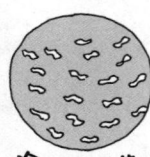

⬇

38亿年前 = 生命的诞生

海洋的诞生

⬇

古生代（约5亿—2.5亿年前）
= 火山的剧烈喷发导致地球上95%的生物灭绝

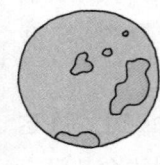

⬇

中世代（约2.5亿—6500万年前）
= 陨石撞击地球导致恐龙灭绝

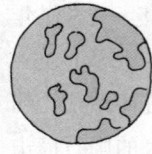

⬇

共计五次生命存续的危机

克服危机并生存下来的生物

能活到今天，都是偶然的结果！

正是因为有"偶然",才有了人类,才有了我们。你难道不认为人生中最重要的事情,就是"享受偶然"吗?如果你对偶然遇到的老师或课程产生兴趣,那么请不要犹豫,朝着那个方向前进吧。

其实,我成为火山学家也是一种偶然。别看我现在是火山学家,其实在大学时代,我对火山一窍不通。

刚才我分享了自己通过"不完美法"战略勉强考入东京大学的故事,其实入学后,我的数学一度考了零分。东大施行"专业分流制度",也就是根据考试成绩来决定进入哪个学院。

然而,我因为平均分太低,没有能去的学院,最后只能留级。再之后,我进入了理学部的地理科学专业,但是我对它完全不了解,也没有兴趣,所以学习一点也不用心。

东大的教育方针十分严格,不允许任何学生掉队,而我对此完全不适应。为了从科研工作中尽快脱身,我在大四时开始找工作。之后我被通产省(现经济产业省)地质调查所——一个地理科学领域的研究所录用。也就是说,我因想要远离科研而找工作,最后却找了一个与科研相关的工作。

第二年冬天,我被派到外地出差,而正是在那里,我偶遇了火山,它改变了我的一生。

和我一起去的是一位和蔼可亲的大叔,他手里拿着一块阿苏山的火山口岩壁上露出的岩石，热切地对我说："当时从阿苏山喷出的岩浆不仅覆盖了整个九州，火山灰还飞到了遥远的北海道，累积了十厘米之厚。"仿佛9万年前的那次喷发就发生在昨天一样。

自那以后，我一下子喜欢上了火山，并且开始深刻反省自己大学时为什么没有好好学习。之后我的学习进度就仿佛开了"十倍速"一样。顺便一提，这个"大叔"就是世界级的火山学家小野晃司博士，从那之后他一直是我的老师。

我就是这样偶然成为火山学家的，似乎人生中遇到的人和事都有着某种重要的意义。我在前言中写道，在这个世界上，一定存在着能让你意识到什么是"活学"的老师，对我来说，这位老师正是小野老师。我在我的第一本书——《火山很厉害》(《火山はすごい》，PHP文库出版社) 中详细讲述了这个故事。

因此，重要的是遇到真正的好老师。无论在什么年纪遇上，都会让学习变得更加有趣。于我而言，在我入职的第二年，学习开始变得有趣了。

所以大家如果还是中学生，即便现在没有遇到感兴趣的科目，也不必担心。也许你会在上高中或大学的时候遇见感兴趣的事，又或许是在工作之后遇到。

关键在于，是否能正确抓住偶然的机会。我们人生中遇到的所有事物都是有其意义的。如果能这样想，人生也会变得快乐起来。

善用"读书"的技巧

前文提到了遇见好老师的重要性,接下来我想说说通过读书可以遇到什么。其实,书中写满了在现实生活中难以遇见的有趣的人和事。同时,通过阅读书本,我们可以去到双脚难以涉足的好地方,了解没有经历过的时代和令人惊奇的故事。

我在前文中说过,我们生活在"人类的遗产"之中,而书本正是人类遗产和智慧的记录。在书中,我们可以和未知相遇。

话说回来,很多人认为读一本书就必须读完,读到最后一页,在我看来,这完全没有必要。如果坚持一直读到最后的话,那么,"读"本身就上升为了目的,你可能只做到了"读过"一本书,却错过了与未知的相遇。

另外,如果你想把一本书规规矩矩地读到最后,那么所读书的数量自然受到限制。它会挤占你的时间,使你无法阅读其他值得一读的书或是对自身有益的书。而且,如果不读完就不放心的话,读书本身也会令人倍感疲惫。

我们究竟是为了什么而读书?虽然有时也会纯粹为了享受而读书,但大多数情况下,读书都是为了学习自己当下所需要的东西、吸收对人生有益的知识。也就是说,读书是为了学习,或者说是为了丰富自己的人生。

如果只是将存钱和提高社会地位视为目标，那么就体会不到人生的丰富多彩。与此相似，如果将"读书"本身上升为目的，那么就不会明白人是为了什么而读书，为了什么而买这么多书。"无用的读书"就会增多，浪费掉自己宝贵的人生。

在此，我想分享一下德国哲学家叔本华（1788—1860）的一段名言。在《论读书 另两篇》（斋藤忍随译，岩波文库）中，叔本华这样说道：

> 读书，是让他人思考的过程。我们读书，只不过是重复别人的思考过程。

所以他告诫人们，读书应该适可而止。"读书浪费人生"也是他的名言。叔本华还发出了这样的警告：

> 那些整天都在阅读的勤奋之人，会渐渐失去独立思考问题的能力。

如果将读书本身上升为目的，那么人就不是"在看书"，而是"被书看"。我们在上文中说过，读书是为了丰富人生。在读书的过程中，如果能遇见触动心弦的文字细细品味，从作者的文字中获得灵感从而形成自己的观点,那就是有意义的。

为了能让读书真正丰富我们的人生,我建议喜欢读书的人、了解阅读乐趣的人都可以稍微远离读书,从高处俯瞰自己,思考自己"为什么读书"。实际上,读书也分为"活读书"和"死读书"。

越是喜欢书的人,越容易将阅读本身上升为目的,越容易陷入"被书读"的状态。所以我们必须时常回头看看自己是不是陷入了这种困境。

数字时代更要重视模拟与现实

还是回到书的话题,学习的工具除了纸质书和教科书以外,现在还包括平板电脑、智能手机和电脑。

我觉得与二十年前的学生相比,现在的学生变得更被动了。也许是因为网络普及带来的信息爆炸使得大家获取信息更加方便。

例如,在我上学的时候,如果有问题需要直接去办公室和研究室找老师。在图书馆查阅资料的时候,因为没有复印机,只能手抄下来。但是如今,可以直接通过邮件联系老师,也可以直接通过网络检索信息。不再需要手抄,复制粘贴即可,或者也可以直接用智能手机和平板电脑拍摄下来。

结果就是,虽然确实很方便,但身体也就不愿意多动了，由此也就失去了好不容易得到答案时的兴奋，以及与他人相遇时的感动。

其实，如果查阅纸质词典，你也许就能发现词条旁边写着有趣的内容，阅读它可以丰富认知。但互联网缺乏这种偶然的趣味性，把所需的部分精确复制，然后一切就结束了。

有些学校建议学生在学习英语时使用纸质词典，这一点其实很重要。从某种意义上来说，网络限制了年轻人的认知活动范围。

所以，我想告诉中学生们的不是如何使用数字技术，而是在处于网络影响下的世界里让自己的思考回归"模拟"时代，这就是我常说的"从数字到模拟""从虚拟到现实"。

希望大家都可以回到自己所身处的"现实世界"中去，在现实生活中活动身体，去学校踢球踢到汗流浃背，和老师、同学面对面说话，闲暇时间翻开纸质书籍。

换个说法，也就是不要一味地追求效率。现代社会即使不主动追求效率，效率也在不断提高，所以我们更应关注其他的侧面。虚拟体验何时何地都能进行，所以只能在高中时代体验的"现实"世界才显得弥足珍贵。

记笔记的时候，有人喜欢用电脑记，但高中生还是用手写比较好。用笔记本手写，不仅写在了纸上，也写进了脑子里。

　　另外，我更推荐纸质教科书。也许总有一天会从小学低年级开始就使用电子教科书，但是我还是希望现在的学生将来可以骄傲地说，自己是使用纸质教科书长大的。我要向大家大声强调："请珍惜现在这种真实的感觉，绝对不要忘记。"

第3章

秘籍公开！
镰田学习法的
"战略"与"战术"

在前两章中，我们讨论了什么是学习，为什么要学习。现在你是否对"活学"丰富人生的道理有了一些大致的想象？

从本章开始，我们将进入实践部分，谈论如何学习。我将公开我在过去半个世纪中思考和实践出的学习方法，正如章名所述——镰田学习法的"战略"与"战术"。

不拘小节的"搁置法"

首先，我将介绍"搁置法"和"不完美法"。

大学是做科研和教育的场所，如何高效地产出知识性成果至关重要。一直以来，我会在工作中使用各种各样"理科思维的技巧"，之所以叫"理科思维的技巧"，是因为其符合理论、低损耗且高效率。

它的目的是让人在工作时不需花费太多精力却能取得好的结果，所以也可以称其为基于理性思维的工作法。其中有些方法对备考生也很有帮助，接下来我会详细解释。

最具代表性的方法是"搁置法"。比如，我们在遇到一些想不明白的问题时，可以将其暂且搁置，继续完成剩下的部分。

如果用数学语言来说，搁置法可以理解为设置未知数 x 的解题方法。所谓"代数"，就是用"替代性的字母或符号"来代替具体的数字，而这正是搁置法的核心。

这一方法的关键在于，当我们花费了一定时间却还没有进展的时候，不要过于纠结或执着，"该放弃时就放弃"。

放在学习中来说，就是不要强迫自己理解一些现在无法理解的问题，而是继续学下去。许多人遇到不理解的问题时，总会一直纠结苦恼想要得出答案。而搁置法的诀窍就在于不钻牛角尖，果断地跳过不理解的地方继续向前。

事实上，继续学下去我们就会发现，那些原本困扰我们的问题其实比我们想象的更加简单，往前推进的过程当中不知不觉便会恍然大悟，所以根本没有必要一直纠结。你是否有这样的经历？读书时遇到不懂的地方时，如果继续读下去，之前的疑惑就迎刃而解了。

我推荐大家都试一试搁置法，即使遇到问题也不要停下脚步，请在"放下、放下"的欢快口号中继续前进。当熟练掌握搁置法后，你会发现它能带来非常愉快的学习体验。

那么在使用"搁置法"后，下一步该怎么做呢？我来举一个简单的例子吧。有一本书叫《不懂分数的大学生》(《分数ができない大学生》，东洋经济新报社)，曾在日本引起一时轰动。

搁置法
不明白的地方
跳过不理解的地方继续向前！
一小时法
数学题
英语阅读理解
1h
小论文的准备
如何利用思维最活跃的黄金一小时？
不完美法
终点
跳过两题，到达终点！
如果每一个问题都认真解答，可能一半都做不完……
起点

乍看这个书名似乎令人难以置信,但也无须大惊小怪。该书的关键在于,即使是不太理解分数概念的学生,也在正常使用着分数。

比如,在分数除法计算中,就算不明白什么是分数,只要"将分母和分子互换位置然后相乘"就能解决问题,也就是说,暂且搁置对概念的理解,先进行实际操作即可。

各位读者也可以试试,你会发现在实操的过程中就能逐渐理解之前的问题,不知不觉便恍然大悟,这其实也是学习的"快感"之一。

查了三十分钟也弄不懂的问题,就算再花费五个小时也难以理解。而搁置法能帮我们节约这些时间。当我们继续前进时,问题可能就迎刃而解了。有时也能渐渐把握住问题的整体状况,进而找到别的解决办法。

英语和古文阅读同样适用

"搁置法"同样适用于英语或者古文的阅读理解。边查字典边逐字逐句翻译的方式很容易让人失去耐心,可能做到最后也不知全文讲了些什么,时间也白白浪费了。搁置法则可以避免掉入"完美主义的陷阱"。

举个例子,假设我们遇到一个不认识的单词"philosophy"。此时，我们可以暂时跳过这个单词，优先理解上下文和整体内容。

在对全文内容有了大致把握之后，我们其实就能理解"philosophy"的意思了，或者就算不理解这个单词也能解决问题了。这就是我提出的"搁置法"的奥义，它能够大幅节省我们的时间和精力。

其关键在于，暂时搁置不明白的问题而着手进行"会"的部分。在这个过程中，头脑会逐渐清楚，不知不觉间学习也会变得更加顺利。

最后我想强调一点。"搁置法"是一种人人都能理解的方法，但是"光知道还不够，不实践就没有意义"。希望大家能在各种场合都尝试使用它。

也就是通过实践来证实这一方法是否真的有效。如果没用，果断放弃即可。通过实践检验真理的做法也是我向京大学生推荐的理科思维方法之一。

不追求完美的"不完美法"的魅力

除了"搁置法"，希望大家也可以试试"不完美法"。工作中最重要的不是完美完成，而是按时完成。即便是获得诺贝尔化学奖或物理学奖的论文，也很少有能完美达成最初计划的。

以我作为火山学者的工作为例，我总是需要发表论文、著作等研究成果。而在科研领域,没有得出百分之百的数据也没关系,率先发表论文的人往往会获得胜利。

相反,即使内容再完美,如果发表时间比别人晚了一天,一切努力就将归零。因此,顶尖的学者会将工作重点放在如何利用不完整的数据取得理想的成果上。换句话说,就是在开展工作时权衡"内容"与"期限"。

我想,过去那些获得诺贝尔奖的成果大概也只有七成的计划完成度,所以我们更应该在如何运用有限的材料产出高质量的论文上下功夫。像我这样的自然科学研究者,常常将工作质量和期限之间的平衡放在第一位。

有些瑕疵也没关系,重要的是在规定期限内保质保量地完成工作。能够善用时间的人正是那些能将"差不多"视为"恰到好处"并灵活利用的人。

因此,不论何时,"敢于接受不完美"的勇气是十分重要的。在遇到不懂的问题或面对未完成的任务时,"搁置法"和"不完美法"能够帮助我们继续前进,避免因过分追求完美而陷入焦虑的深渊。从心理健康的角度来看,这也是一种卓越的战术,不是吗?

充分利用大脑的"黄金一小时"

前文我们已经聊过"时间战略"的必要性,这里我再介绍几个具体的技巧。

要想高效学习,最重要的就是时间管理。有观点称"大脑创造性思维最活跃的时间一天仅一个小时",因此学习时间并非越长越好。接下来要介绍的技巧我称其为"一小时法",是在脑力劳动中高效使用大脑的基本战术。

根据我作为科研人员的经验,我也认同一天中大脑能真正进行创造性工作的时间只有大约一个小时。因此,如何使用这宝贵的一小时就变得至关重要。我们要将大脑的最佳工作时间用于最具创造性的工作,而不是浪费在无意义的事情之上。

就我的情形而言,当我的研究成果积累到一定程度时,我会开始写论文。完成英文论文后,我会花费数周时间对英文进行润色和修改。这项工作很费脑子,所以我会花费一天中最重要的一个小时来完成这项工作。其余的时间则用于整理资料、使用仪器分析岩石等。

也就是说,我们需要时刻把握哪些工作值得花费时间,然后按照一定的标准将这些工作正确分类且牢记在心。比如:①需要立即做的工作;②可以推迟但重要的工作；③在空闲时间内慢慢完成的工作。

这种方法也同样适用于备考复习。我们需要从整体上把握哪些学科需要学习，以及每个学科需要花费多少时间，然后将其分类。比如，需要立即开始的备考复习、可以推迟但在考试中非常重要的小论文的准备、可以在空闲时间慢慢学习的擅长的科目等。所有科目都需要我们权衡重要性和自己手头的时间，然后在脑海中一一整理。

然后，还需要考虑将大脑全力工作的"黄金一小时"用在哪些学科。可以选择在所有学习内容中，最需要开动脑筋的、最需要优先掌握的内容。如果在这个阶段花费了太多时间，大脑可能会感到疲倦，进而影响次日的学习。因此也要注意不可过度使用大脑。

最后，在结束一小时创造性的工作之后，别忘了冷却大脑。可以进行一下不太需要大脑参与的工作，比如整理笔记、制作单词本、整理电脑数据等任务。也可以用手机听听自己喜欢的音乐来度过这段时间。

把握时间节奏！

在制订时间策略时，我们还可以尝试使用"时间二分法"，即将时间分为充分使用大脑的时间和流水作业的时间两部分。充分开动大脑思考的时间可用于学习比较困难的内容。上文提到的"一小时法"正是基于这种思路诞生的。

比如，我们可以将这样的时间用于解答数学题、阅读长篇英语文章等。而背单词或者复习笔记等相对简单的任务则不需要太多的脑力，可以另外安排时间。

总之，一定要充分把握好我们的时间节奏。

这一技巧的关键是从重要的工作开始做起，按照"重要性"来整理工作的顺序。毫不夸张地说，所谓时间管理就是从设定工作的优先级开始的。

不仅是学习方面，我们在日常生活中也可以将待办事项设定优先级后再开始行动。实际上，我们在生活中总是先做紧急但不重要的事情，而非重要但不紧急的事情。

你是否也经历过类似的情况？比如，通过明年三月份的考试是重要的事情，而明天要提交的作业则是紧急的事情。人们通常更倾向于优先处理紧急的事情，而忽视了重要的事情。结果导致重要的事情被不断延后，直到没有时间完成。

相反，如果我们从平时做起，优先处理重要的事情，就能避免这样的状况。踏踏实实地从重要的事情开始做起，在之后的时间里就无须匆忙应对。快看看你在日常生活中有没有优先处理最重要的事情吧。

用"十五分钟法"
提升专注力!

让我们继续来看时间战略。接下来,我要介绍另一种提高注意力的方法,叫作"十五分钟法"。这种方法的关键在于将时间的最小单位设定为十五分钟,在这十五分钟的时间内充分集中自己的注意力。

你是否留意过,播放电视剧时,大约每十五分钟就会插播一次广告。小时候看的动画片也是如此,三十分钟的节目播放到中间的十五分钟时就会插播广告。

这是因为人类能够集中注意力的时间段就是十五分钟,所以要在这段时间后安排休息时间。

反过来说,无论面对多么困难的任务,我们至少可以专注十五分钟。坚持十五分钟就好!因此,即使再不擅长的学科,也请至少坚持十五分钟。

此外,每隔十五分钟切换一下学习内容也有助于保持注意力。就像每隔十五分钟通关了一个游戏关卡一样,让人成就感倍增。成就感也是十五分钟法的关键所在。

此外,作为"十五分钟法"的进阶版本,我还推荐"四十五分钟法"。所谓的"四十五分钟法",就是将六十分钟的时间分为四十五分钟和十五分钟两部分。比如做练习题,可以用最初的四十五分钟解决擅长的题目，趁着势头一口气做下去，然后用最后的十五分钟干脆利落地完成不擅长的题目。

你也可以将其理解为对"水引子法"（后文有详细介绍）在特定时间框架内的系统运用。四十五分钟正是最后十五分钟的"水引子"。

需要注意的是，解答完最后十五分钟的题目后，就不要再延长学习时间了。完成一小时的学习后就要停下来。通过一小时的学习，大脑的专注力也基本达到了上限，再继续做下去大脑就会怠工。

学会切换开关

在大学入学考试的漫长备考过程中，保持干劲——也就是积极性的态度同样十分重要。考生也需要放松，擅长休息的人才能最终通过这场漫长的试炼。

不论学习有多么重要，也请每周安排一天的休息时间，不然就会失去学习的动力。比如，我念高中的时候为了保持学习的积极性，每周会去看一次电影。而为了迎接这一天，我就必须在其他时间更加努力学习。

那么，我们要如何安排一天的学习时间呢？大学入学考试的答题时间通常分为六十分钟或九十分钟。因此，我建议大家将六十分钟或九十分钟设定为一个

一周有

周一	周二	周三	周四	周五	周六	周日
学习	学习	学习	学习	休息	学习	休息

令人期待的放松时间

或是用来做没做完的事的备用时间

一小时有

15分钟边听音乐边复习

1h · 45分

45分钟集中精力挑战难题！

放松的时候做什么？

1. 喜欢的事
2. 放空
3. 回顾人生

单位时长，学完一个单位时间就休息一下。如果是在学校上课的日子，每天额外学习两个单位时长就足够了。

也有高中生或大学生问我："如果学习了很长时间，但中途坚持不下去了，该怎么办呢？"

这时我一般会建议他们不要连续长时间学习，要在适当的时候休息一下，这样学习的效率才会更高。如果你也遇到这一问题，请先重新思考一下问题出现的前提——为什么要学习很长时间？

放松时要做什么？

正如我之前所强调的，学会放松同样十分重要。所谓放松就是做一些与学习无关的事情，可以是娱乐，也可以是享受兴趣爱好。在这里，我介绍放松时间的三种选择。

一是专注于学习以外的某些事情。可以做做运动、听听音乐，也可以看看电影、打打游戏。

二是度过一些放空的时间。可以出门走走，呼吸一下新鲜空气，放松放松心情。也可以宅在家里什么也不做，舒舒服服地泡个澡。

三是回顾自己的生活。可以在大一点的公园或风景优美的河边走一走，静静地度过一个人的时间。这样的时间能让我们从更高的角度重新审视自我，回头看看平日里忙于学习、运动的自己。室町时代创立能乐的作曲家世阿弥（1363—1443）提出的概念"离见之见"指的就是这种冥想的状态。

在繁忙的学习之余，请灵活利用这三种方式放松自己。如果在学习中逐渐失去耐心，就大胆地休息一下。

考试好比马拉松比赛，会放松的人才能取得最终的胜利。这里的"放松"与"文化修养"息息相关，我将在后面的章节中详细说明"文化修养"的相关内容。

工作也是如此，人们很难在工作中长时间保持高度集中的注意力。当我们大量用脑或身体后，必须给自己一段放松的时间。

因此如果在学习的过程中感觉情绪低落，就请果断地停下来。即使心里还想着"再学一点"，也不要勉强自己去学。

当身体想要休息时，就请果断地休息。如果感觉肩膀、手臂或腰部有些僵硬不适，不妨做做体操，或者在周围转两圈散散步。这样简单地活动活动身体，身体感觉轻松后，心情也会焕然一新。

如果感觉疲倦，不妨闭上眼睛休息十五分钟，即使短暂的休息也会带来很大的不同。入睡困难时也可以用手机听听喜欢的音乐，慢慢放松。或者双手环抱着自己，闭上眼睛静静地待一分钟，这样也能很好地放松大脑。过度疲劳和困倦会导致效率降低和时间浪费，反倒不如时不时休息一下更有帮助。

希望大家都能成为善用时间的达人。

关于睡眠的建议

既然提到了睡眠，那我也来谈谈我的一些建议。关于睡眠确实有很多需要思考的问题，比如每天需要保证多长的睡眠时间，考试前是否可以牺牲部分睡眠时间用来学习，等等。

其实，睡眠并没有固定的规则，最好根据自己的身体需求来决定相应的睡眠时间。接下来我会进行详细的说明。

现代人熬夜晚起的现象其实是近代之后的事情了。随着工业革命的推进，电力供给变得稳定，才开始出现晚睡晚起的生活作息。在此之前，人类都是根据日出日落的时间来安排自己的生活的，所谓"日出而作，日落而息"，遵循着自然的规律。

几千年来人们都在重复这样的生活，所以身体早已适应了"早睡早起"的作息方式。

当然我们也要考虑睡眠需求方面的个体差异。有些人必须睡够八个小时，也有人睡四个小时就精神奕奕。我们需要了解适合自己的睡眠时间。

我一般晚上十二点睡觉，早上六点左右起床，但我也不会过分纠结于自己是否按时睡觉。有时候吃完晚饭特别困的话我也会在十点左右就睡，有时候又会工作到凌晨三点。

不过对上班族来说，每天的起床时间通常是固定的，要上学的初高中生也是如此。所以，累的时候不妨早点睡吧，特别是在完成了一些重要的作业或活动之后。在集中精力学习或工作的日子，就更需要充足的睡眠了。

长时间使用大脑后必然需要更长的睡眠时间，这种时候多睡一会儿也没有任何问题。相反，如果身体不想睡那么久，那么就少睡一会儿。我有时也只睡四个小时左右，仍然感觉不错。所以，如果我们感觉头脑清醒并无困意的话，也不用勉强自己，看看书度过一夜未尝不可。

我有个朋友常说"深度睡眠非常重要"。所以他不管多忙每天晚上十二点前必然上床休息。即使睡同样的时间，深度睡眠也会比普通的睡眠更有助于恢复体力。这就是所谓"根据自己的身体需求来调整睡眠"。

所以我总是对学生们说，一定要找到适合自己的睡眠节奏。可以多试试不同的睡眠方式，调整一下就寝或晚饭的时间，找到适合自己的睡眠时间段。

那么如何获得舒适的睡眠呢？我建议在睡觉前可以喝一点热牛奶，牛奶中的钙能够平静神经，带来安宁的睡眠。热牛奶不会给胃造成负担，还可以温暖我们的身体，大家不妨一试。

"干脆地"通过考试

接下来，我想谈谈中学生应该如何应对正在面临的各种考试。

面对考试，关键词就是"干脆"。要秉持彻底的效率主义，干脆利落地对待考试。不管是满分还是勉勉强强合格，只要通过考试，结果都是一样的。

在学习中追求完美是不可取的。如果拘泥于细节，钻了牛角尖，就无法把握全局。所以学到差不多就行了。如果觉得还没学够，不如开始学习新的内容，为下一次考试做准备。

有些人总是过于追求完美。但在备考的过程中，这种追求只会浪费时间和精力。好比市面上总有很多优秀的参考书，但我们不可能全都做完一样。

所以，参考书选择一本就好，然后制订一个合理的计划，用一年的时间按部就班地完成。当然，这就考验我们如何合理地运用自己的时间了。

其实，备考就是一场不亲身经历就无法体会的大型实验，也是一场重新塑造自己的大型实验。人生中这样的机会并不多，它也确实能使人成长。

凡事都是如此，不付出努力，就无法取得收获。

大学入学考试的备考时间只有短短一年，为什么不在这短短的一年里全力以赴呢？

许多日本人都对应试学习存在误解，认为"考试没什么用"。然而，如果连试都不试一下，就这样碌碌无为地度过一生，是不是更可惜？我自己就是通过学习才过上了如今丰富多彩的人生。只要大家踏踏实实地学习，这份努力就一定会在将来开花结果。

克服弱势科目的"水引子法"

现在让我们来具体谈一谈如何进行备考复习。

大家最苦恼的一点可能是，当考试涉及我们不擅长的内容时应该如何应对。如果一直停滞在自己不擅长的部分，可能会阻碍我们全身心地开展学习。

我要告诉大家的是，在面对弱势科目时，一定要从复习开始。这种时候，最好从已经掌握的、感觉最容易的、最擅长的内容入手。这就是我要介绍的"水引子法"。

如果总是连续地从井里打水，水可能不容易打上来。但如果先往井里倒一点水再开始打水，之后就会容易很多，这就是所谓的"水引子法"。这种方法在学习的开始阶段是非常有效的。

例如学习英语时，可以从已经查过单词且能够流利阅读的文本开始阅读，充分做好热身活动。然后在感觉状态不错的时候，再开始阅读新的英语文章。

复习正是"水引子法"中最重要的技巧。从整体来看，开始阶段约10%的时间可以用于复习，这也是使学习顺利进入正轨的关键所在。如果这个阶段能够顺利开展，就能拥有更积极的心态来挑战新的内容。

我一般会建议大家从自己最擅长的科目开始学习，但是人们往往最在意自己的弱势科目，总想着要如何弥补。但是，不擅长的东西一般来说不会那么容易克服，总是学不好的话就会让人非常沮丧，这样一来就会不断地钻牛角尖，直至失败。

如果你擅长日本史而不擅长数学，那么就可以先学日本史然后再学不擅长的数学。这样一来，就可以在一个很好的状态下开始学习。让自己每天早上都能以愉快的心情开始学习同样十分重要。

另外，当学习进展不顺时，请不要责怪自己的意志力太过薄弱之类。有问题的只是我们制订的学习计划而已，而不是我们自身。**而且，**我们随时都可以调整这一计划。请不要忘记我们刚才讲到的"干脆"原则。

同样，我们也需要客观看待计划进展不顺的情况，或者说被计划束缚才是我们需要考虑的问题。如果因未能按期完成计划而倍感压力、打乱节奏，这样反而得不偿失。所以请勇敢地迎接不完美吧。

因此，如果在学习中遇到问题，首先反思一下是不是学习计划出了问题，是的话不妨大胆地修正计划。学习是我们自己的事情，无须在意他人的想法。

利用"除法"制订时间战略

要想长期坚持学习，最重要的不是个人的毅力或努力，而是"遵循学习计划"的态度。接下来我会说明如何制订这一规划，这也与"时间战略"息息相关。首先，请大家在纸上详细列出"需要学习的内容"和"手头可用的时间"。

然后明确在可用时间内能够完成的学习量。再逆向计算，逐步确立一个月、一周、一天的具体时间表。

在这一过程中，首先要对学习内容进行具体的分类。比如，想一想需要学习哪些科目，完成哪些练习册，参加哪些补习班……可以在A3大小的纸上写下这些内容。

需要注意的是，不仅要在脑海中思考这些问题，还要将这些内容写在纸上，做到"可视化"。写出来后再详细地分解内容，这样更有利于制订时间表，也方便下一步的行动。

如果已经确定了要做的习题册或参考书，就可以根据截止日期（如果是考试的话就以考试日为准）来计算相应的时间，这就是所谓的"除法"。这种方法也适用于学校的定期考试。

在"还想再学一点"的时候停下来

然而,如果只在临近考试时才每天安排大量学习任务,这种赶进度的做法只会让人备受挫折。因为人每天能完成的学习量有限,不仅受时间的束缚,还受体力和心境的影响。强迫自己每天学习五个小时——这种计划明显难以令人长久坚持。

不切实际的计划会导致情绪上的波动,最终只会带来不必要的苦恼。相比之下,每天踏实地学习一小时,在"还想再学一点"的时候停下来,学习才会更加持久。

比如在做练习题的时候,不必勉强自己完成所有题目。在制订计划的时候就给自己留出空一两道题的余量。也就是说,关键在于从一开始就要制订一个易于达成目标的学习计划。

比如在制订计划时,不要试图填满所有的时间表,而是留出大约两成的时间余地。一开始可以将这两成的时间保留为"娱乐时间",当计划出现偏差时也可将它用作机动时间。这种机动时间就是一个缓冲,所以我将其称为"缓冲法"。一点小小的缓冲时间就能让你的心情轻松许多。

当然，这两成的"娱乐"时间并非只为了应对意外情况而设置。例如，你可以在去程的电车上安排英语听力学习，而在回程的时候聆听音乐来放松身心，这样一天的日程中就巧妙地安排了"娱乐"的时间。

将娱乐时间纳入日程也很重要，它是独立于工作和学习之外的"愉快时光"。可以将它作为休息的时间，也可以将其用作紧急时期的备用时间。

因为考试日期是确定的，只要在最初认真思考和制订了相应的日程计划，剩下的时间就只需按部就班地完成每天的任务。需要再次强调的是，不要勉强自己。一旦制订好了计划，接下来就只需完成练习册了。

欢迎瓶颈期

即便如此，任何人在学习过程中都会遭遇瓶颈期，陷入自己再怎么努力也提不起干劲的困境，即所谓的"瓶颈状态"。

实际上，瓶颈期是大脑发出的重要信号，它并不全是坏事。无论多么杰出的人都会遭遇瓶颈期。

因此，以"欢迎"困难的心态去迎接瓶颈期的到来，才能尽早摆脱困境。于我而言，当瓶颈期出现时，我反而会觉得"太棒了"。

此时，千万不要急躁。停滞期本质上是大脑发出的"休息命令"，或者说它是在暗示我们现在选择的方法过于勉强自己。因此，最好的做法是顺应它，而不是抵抗它。

只要你有学习的经验，就应该很容易分辨自己到底是陷入了瓶颈期还是单纯的懒惰。也许正是因为考虑"是不是我意志力太薄弱了"之类多余的事情，低迷状态才会一直持续，最终陷入令人苦恼的恶性循环。

所以在胡思乱想之前，先记住"我已经定好了早上八点准时开始学习"，然后就试着坐到书桌前开始学习吧。这就是"学习的规划性"。

如果确实处于瓶颈期，也可以干脆利落地中断学习。这就是为什么之前提到的那两成娱乐时间十分重要。如果需要的话，甚至可以用完这段提前设置好的缓冲期。

然后，再慢慢地重新规划新的学习计划即可。一旦调整好了心态，就可以重新开始。这样一来，即使学习时间不太规律，有时进展不如预期，最终仍然可以赶上进度。

在找到最适合自己的学习计划之前我们可以进行不断的修正和改善，这也是关键所在。因为我们最终的目标就是"定制专属于自己的学习法"。

想一想参加考试的理由

大学入学考试的学习通常以学校课程为主，其考试策略却与平时学校的考试有实质性的不同。

在学校的考试中，老师们为每位学生讲授同样的内容，学生也只需学习这些内容。而在大学入学考试的备考过程中，由于每个人的情况各不相同，就需要制订针对目标高校的个性化策略。因此，我们需要摆脱被动的学习方法，主动规划自己的学习计划。

首先需要明确的是考试的目标，也就是"我为什么要参加这所大学的考试"。然后在复习阶段采取彻底的效率主义。

直截了当地说，就是只集中精力学习出卷人要求掌握的内容。比如在英语考试中，不需要漫无目的地记住所有单词，而是优先记忆"可能会出现在试题中的单词"。这就是应试学习的原理，非常简单。

在我上初中的时候，学校的老师曾告诉我"英语和数学需要持之以恒的学习"。事实证明的确如此。如果是日本史或生物等学科，哪怕在考前一天突击背诵，也能够取得还不错的分数。

但英语和数学就不同了。只靠一夜的努力是无法轻松做完所有题的。这两门学科的学习就像爬楼梯一样，需要每日连续不断地积累。

那时，我提高英语水平的主要方式是参加英检

（实用英语技能检定）考试。语言的学习包括"阅读""写作""听力""口语"四个要素，而英检的题目涵盖了所有这些方面（严格来说，"口语"考试是从三级以上开始进行的）。

而且，英检考试每年会举办三次，因此很容易以考试日期为目标来制订学习计划，这也是它的魅力所在。此外，在书店很容易找到以前的试题集和参考书，需要学习的内容也很清楚。顺便提一下，就连"听力"和"口语"也有对应的出色教材。

通过坚持参加英检考试的考级，努力备考，我的英语水平有了很大的提升。换句话说，我是选择通过"考取资格证书"的方式来提高英语水平的。虽然当时我还是初中生，但我的想法有点像个生意人。通过这种系统性的学习，我在初二时通过了三级考试，高一时通过了二级考试。通过这些考试，我没费太大功夫却稳健地提高了英语水平。

我的英检考试经历证明了两个重要的学习要点：第一是通过设立具体的高层次目标，来提高自己的学习动力；第二是只学习能让自己通过考试的最低限度的知识。其次，备考时一定存在适合自己的高效学习法。

我想再次强调，如果充分利用已知的学习方法，你也能轻松地学好英语。

探索与改进学习计划

在大学入学考试的备考过程中,最重要的是制订一个合理的学习计划。它必须是轻松且可持续执行的。如果当前的规划不够合理,可以立即调整。这其实也是"定制"适合自己的学习方法的过程。

值得注意的是,改进后的计划必须比当前的计划更加轻松。例如,人们通常会在整理上花费相当庞大的精力,但在这方面投入过多精力只会适得其反。

因此,改进后的计划应当减少在这方面花费的精力,只有这样,改进才有意义。

实际上,追求轻松是科技的基本理念之一。科学家本来就是追求轻松的人,同时他们还喜欢从系统的角度理解世界,所以才会一直寻找"让人更轻松的方法、系统"。

前文提到的"搁置法"和"不完美法"是我提出的学习技巧中最省力的方法。希望大家也能自行"定制"减少内耗的卓越学习法。

空两题也没关系,但请做到最后

也许你曾下定决心一定要写完习题集,最后却没有写完。也许你干劲十足地努力写了，最终却只完成了三分之二。那么，问题出在哪里呢？

答案就是没有正确把握时间。

请先看看自己还有多少时间，然后以此为依据制订计划吧。在执行的过程中允许自己跳过两道不会的题，甚至跳过五道或者十道，但请把它做完。重要的是坚持到最后。这就是我之前提到的"不完美法"。

学习时的"成就感"是非常重要的。在自己能够完成的范围内，合理分配时间并一一完成。即使是薄薄的一册习题集，如果能够认真完成，也会有征服这门学科的成就感。而这种感觉会伴随之后的学习，最终让这门学科变成你擅长的学科。

实际上，在我过去四十多年的研究工作中也是如此。假设我去火山地区实地考察，采集了五百块石头。如果要分析完所有的石头，可能需要十年的时间。花费十年的时间写一篇论文是一种十分浪费的行为，研究的内容可能也会过时。

因此，如果我希望在明年能够完成研究，我会先查看我的日程表，然后计算可分配的时间，预估明年之前最多能够分析多少块石头。假设我能分析五十块，那么就是收集到的五百块石头的十分之一。我会先确保完成这部分石头的分析，实现最初的目标。

如果一开始就想着分析完所有的五百块石头，那可能什么都做不了。相比陷入完美主义却半途而废，还不如就完成这十分之一。我所发表的这五十块石头的研究成果也能够被其他火山学者使用，这一领域的学术研究就能够进步。

这其实和跳过习题集中的两道题继续往后做是一样的。因此，放弃完美主义，用可行的方法尽量做到最后。用这种方式把握全局，就可以轻松地达到目标。

比如，学习日本史时，有些高中生可能会从古代史开始慢慢学习，学到江户时代就因为时间不够而放弃。然而，明治、大正和昭和时代往往才是给分较高的部分。如果在这里停下来，考试时就很难考出高分。

说个题外话，我高中时期的日本历史老师坂根义久曾开设了一门独特的课。作为一名历史学家，坂根老师研究的是明治时期在修订条约中发挥了重要作用的青木周藏（1844—1914）。

我们花了一年的时间学习他编写的《青木周藏自传》(《青木周藏自伝》，东洋文库），然后突然发现，关于日本史，我们除此之外什么也没有学到。因此，我们筑波大学附属驹场学校的同学只能自学教科书和参考书来备考大学升学考试。

这只是一个好笑的特例，但不管怎样，请大家制订出能够系统地学习从古代到现代历史的学习计划。

正式考试前要注意的事

到了真正要考试的时候,应该怎么做呢?为了充分发挥之前学习的成果,让我们来看看考试当天需要注意的事项。

在拿到试卷开始答题之前,希望大家先安静地思考一个问题:你即将参加的考试究竟想要考查什么。也就是说,从探究考题的意图开始。

例如,当我们在购买备考参考书时,书的最前面通常都会有相应的解说,介绍"这门科目的考试要求"等信息。你应该仔细思考这些页面所描述的"出题者的目的"。

各个大学通常都会有大学入学考试的历年真题集,这种真题集又被叫作"红宝书"。翻开红宝书的第一页,你会看到标题为"趋势与对策"的解说。上面写着"这所大学的教授对以下内容非常感兴趣,因此需要做相应的考试准备"。

实际上,这些解说中包含了通过入学考试的重要线索。为什么这么讲呢?编写这些解说的老师——补习学校中担任英语主任的老师,是在研究了大约二十年的历年真题后才写出了这些内容。因此,他们绝不会弄错考题的倾向。这些专业老师编写的内容正是命题老师考察的要点,所以这部分的内容不可不读。

因此,不要一开始就急着答题,这是铁的法则。

首先要仔细阅读题目，冷静地思考每一道题考查的内容。

如此一来，我们就会发现需要掌握的内容并不是很多。只要满足最低限度的要求，就可以通过绝大多数考试。

坚持到最后！

在实际参加考试时，我认为"最后的坚持"尤其重要。这是我在大学入学考试中培养出来的品质。那些能坚持到最后一刻、不放弃任何考题、努力答题的人才是最终通过考试的人。这一点，无论过去还是现在都一样。

在大学入学考试中，一道题的得分并不只有零分或满分，还可以获得过程分。阅卷老师会仔细审查答题纸上的解答过程，做了多少就能得到相应的分数，例如"做到这一步可以给五分"。

而最后，一分的差距就能决定胜负。所以，坚持到最后的人才会通过考试。而坚持到最后，也是我们通过备考培养出来的能力。事实上，进入社会后，大家都会深刻体会到这种坚持到底的品质有多么重要。

休息时恢复大脑活力的方法

我再介绍一些在考试日有效恢复大脑活力的方

法。我经常使用的方法是,在休息时间吃点甜食。一般来说,血糖水平下降时,人的注意力也容易降低。因此,我推荐大家在用脑之后,补充一些巧克力之类的甜食。

虽然都叫"甜食",但实际上有各种不同的成分和不同的制作方法。如果可能的话,最好选择蜂蜜或黑糖这种能摄取天然甜味的零食。比如,我经常吃加了蜂蜜的酸奶,干果也是我的最爱。水果和地瓜干等天然食品富含矿物质、维生素和膳食纤维,同样十分健康。

此外,日本还有很多备受欢迎的传统健康零食。可以试试黄豆粉球或红豆馅点心,你会重新发现它们的美味。如果去便利店买,糖炒栗子也是不错的选择。现在有剥了皮的糖炒栗子,分成小包装低价销售。栗子富含膳食纤维、维生素和铁等各种营养成分,是我十分推荐的零食。

第4章

考完之后的学习法

前文已经详细阐述了如何备考以及一些实践性的技巧，希望大家能在不断尝试的过程中，定制出属于自己的、可以轻松完成并能够长期坚持的学习法。

不仅要能够轻松地完成，还要能坚持下去。

当然，得偿所愿地通过考试也并不意味着学习生涯的结束。我始终强调的一点是：学习是百年无敌的"终身行为"。本章我们将聊一聊考完之后的学习。

东大学生的学习法 vs 京大学生的学习法

东京大学和京都大学我都有所了解，这两所大学的学生性格有着巨大的差异。于我而言，能成为京大的教授是一件幸事。之所以这样说，是因为在京大，我可以穿着让人联想到火山岩浆的鲜艳的红色衣服给学生们授课，但是在东大，这恐怕会被视为一种失职行为。

这两所大学的学生不存在学习能力的差别，不同的是学习氛围。东大要求实施系统化的严谨教学，而京大的教学环境则更加自由。这一特色从明治时期就已确定下来，我想以后也不会改变。

加之有我这样出格的教授，可能让这种差异变得更加外在化了。但不容置疑的是，这两所大学都是上等学府。两所风格完全不同的大学发挥着自己的特色,为社会培养和输送着优秀的人才。

我自就职于原通产省地质调查所以来,巡山近十八年,四十一岁开始任职于京大。那时我心里就在想:竟然有这么好的大学!我甚至很后悔自己当年考试的时候怎么查都没查就直接选了东大。

当然,我绝不是说东大不好,只不过我不太适合那种循规蹈矩的学校。因此,我经常在课上对京大的本科生和研究生说:"如果想接受循规蹈矩的教育,那就去东大读研读博,当然我是更适合京大的。"

在这里给大家介绍一下最近的京大学生的群像吧,我想正好反映了大学入学考试这一制度的优缺点。很多京大学生都是通过拼命努力学习才进入了这所大学的,这一点很了不起。但同时也是因为这样,许多学生看待世界的眼光都显得较为狭隘。也许是此前过于专注考试,从而忽略了综合素质的培养吧。在这些学生进入社会之前,我认为学校对此应该采取一些措施。

之前就有种说法叫"很京大学生的人",简称"京人",指的是虽然很聪明,但是在衣着方面毫不讲究、说话比较直白生硬、不擅长人际关系的京大学生。在京大毕业生中,这种性格的人不在少数。

我希望"京人"能够成为"新京人"。"新京人"会微笑着与人交流,会思考自己能为他人或社会做什么力所能及的事情。

从近些年的倾向来看,过度重视学问的专业水平带来的问题就是"精心传授文化的场所正在遭到破坏"。实际上,强化专业知识和完善自身文化修养,这两者在大学时期都不可或缺。特别是对重理论轻实践的京大学生来说,适当的放松就显得尤为必要。

一般来说科学家重视理论和数理逻辑,所以会频繁地使用左脑。而进行一些创造性的实践工作,需要灵光闪现的时候,右脑就显得更为重要。为此,我们在平时就有必要去激活藏在"意识"下面的"潜意识"。

要成为这样的人,需要学习文化常识、阅读方法、对艺术的敏感性以及如何与他人相处。当然,通过社团活动锻炼身体、扩大爱好(如音乐和电影)也很重要。此外,外出旅游也是一个开阔视野的好办法。

同时,我还发现现在的京大学生和我二十多年前带的京大学生不太一样。现在的学生学习态度更加被动,或许网络的普及带来的信息爆炸也是原因之一。关于这一点在第二章有所讨论,大家可以参考。

诚然,为了获取知识,使用互联网确实事半功倍。但是如果缺乏自主思考和规划的能力,最终还是会无法适应变化万千的未来社会。因此,希望大家都能在中学阶段培养自己的这种能力。就这一意义而言,自学非常重要。我希望大家都能明白自己的人生

什么是文化修养？

- 与人交流
- 挑战新的领域
- 读书
- 兴趣爱好

自己的人生由自己来创造！

由自己来创造，并以此为动力认真努力地学习所有科目的知识。

学习之外需要专注的事情

正处于青春期的中学生们可能光学习这一件事情就够忙的了，但我还是希望大家能够适当专注于一些学习以外的事情——积累影响我们一生的"文化修养"。"文化修养"可谓百年无敌的学习之根基。

首先，大家应该重视和同学、老师、父母的沟通和交流。我想大家有很多机会和不同年龄层的人进行交流，例如和朋友或异性的交往、和学姐学长们的交往、课外学习活动中和小学生或老年人的交往。这些丰富的人际关系对拓宽眼界极为重要，在大家步入社会之后也会发挥巨大的作用。

其次就是读书。由于现在有了网络和手机，因此一个人独处时往往很容易被这些电子产品所吸引，但我还是极力推荐大家去读书。

读书可以拓宽我们的世界。虽然也可以用手机看电子书，但是最便宜、最高效、随时可以阅读的还是纸质书籍。

我给大家提供一些具体的阅读建议。不要只是单纯地读，还要写批注、画线，要把书变成只属于自己的笔记本。如此一来，等到你二十岁、三十岁、四十岁甚至是五十岁再回过头来重读的时候，就能够回想起来"原来我当时还思考了这个问题啊"。

我在上高中的时候，读了加藤周一的著作《羊之歌》（岩波新书版）。当时我在书里做了很多画线标记，写满了批注。我现在重读这本书时，会怀念起那种感觉，不禁感叹"啊，原来当时我是这么想的啊"。

实际上，我在三十岁、四十岁的时候仍然在读《羊之歌》，并且每次读的时候都会在书上写下批注，就这样，这本书成了我自己的历史。这也正是"自己的图书馆"的意义。希望大家能够在中学时期遇到像这样可以放进自己图书馆的书，哪怕只有五本、十本也好。

另外，我把自己中学时期痴迷的十二本书以读书清单的形式整理成了《理学博士的书架》（《理学博士の本棚》，角川新书），里面有很多被称为"中古典"的青春文学名著，例如赛林格的《麦田里的守望者》、赫尔曼·黑塞的《在轮下》等。希望大家也能拥有这样一个属于自己的"图书馆"。

关于读书法，我推荐"间隙阅读法"。即利用坐公交车或电车上下学的乘车时间、下课休息时间或是其他的空闲时间迅速阅读，哪怕只读三四页。高中生如果能在等待社团活动开始前的时间里阅读岩波文库，应该会很酷吧，我想也会更加容易吸引异性。读什么书显得更酷——这可能也是年轻人特别纠结的地方。不过我想,即使按照这一标准来选书,也是一段十分快乐的时光。

读书不是"忍耐大赛"

本章一直在强调百年无敌的学习之根基——"文化修养"的重要性。而作为提高文化修养的手段,在前文中我推荐了读书。那么怎么做才能提高读书效率,让人能够真正地享受阅读而不感到厌烦呢?

想必大家在阅读过程中都遇到过晦涩难懂的书吧?教大家一个技巧,就是当你读到不懂的内容时,就在心里默想"这是作者的错",绝不是看不懂书的各位读者的错。

真正懂学问的人是能够写出通俗易懂并且有趣的书的,写不出这样的书的作家也不是真正的学者。因此,这种书不读也罢,立刻把它丢开就行了。

也就是说,请你相信,如果你觉得一本书很难读,九成都是因为作者的写作水平不高。这就是我想传达给刚开始接触阅读的读者的事情。可能这样说不够准确,但这种思维方式里其实蕴含了阅读的本质。

遗憾的是,很多学者都会认为写出通俗易懂的书是件丢脸的事,因为大家很容易陷入一个误区,就是认为越难就越高级。我认为没必要和这种人打交道,不适合自己的书就别读了，马上换掉吧。在遇到自己能够轻松读懂的书之前，请尽情地换。

读书不是"忍耐大赛"。这个世界上有很多晦涩难懂的书籍，仿佛就是为了考验耐性而写的。对于这种书，我们大可放心舍弃。

千万不要认为是自己脑子笨所以读不懂。世界上一定也有很多通俗易懂、充满趣味的书。所以大家要多去书店，亲自去寻找合适的书。学校的图书馆里也会有好书。

在读书时也没有必要从第一页读起。只需选择性地阅读当下自己感兴趣的内容即可。不感兴趣的内容可以迅速跳过，读者没有义务将一本书从头读到尾。

就算你把一本书读破，也没人会奖励你一块勋章。所以不如以轻松的心态面对阅读，从你最感兴趣的地方、最吸引你眼球之处读起即可。

当然，世界上确实也有很多书对读者有阅历的要求，被称为古典名著的书就是如此。对于这些被誉为古典名著的书籍，如果你觉得和自己关系不大，也没有必要强迫自己去读。权当现在缘分未到，暂时先搁置一旁吧。

如果它对自己至关重要，那么就算历经数年你也会再次想起它，或是在某个时刻顿悟"啊，原来如此"。你也可以为了等待那个时刻的到来，将书收藏在你的书架上。所谓古典，就是为了在必要的时刻出场而存在的。

把书当作文具来用

在读书时，也许读着读着就会萌生重要的想法，此时，就请把书当作文具来用吧。前面给大家介绍过，我在不同时期阅读岩波新书时，都会在书上写下批注。书原本就是拿来"用"的东西。有的人会给书精心地包上封皮，不在书上留下丝毫的污渍，但那并不是书籍的天然使命。

我在阅读时会把书当作笔记本来用，所以也推荐大家不断往书里加批注、画线、用马克笔做记号、折角等。查过的东西也可以在一旁做上笔记、写上感想等。我会往书里不断写入自己想写的内容，这种被使用过的书都会被我视为珍宝。

至于可写的内容有很多，例如"此处有误（与自己的意见有分歧）""这部分内容在其他书籍里有详细阐述（附上书名）"等，把自己发现的东西详细写上去即可，这样下次再阅读的时候就会立刻明白要点。

如此一来，看书学习就会变得越来越快乐，写满自己发现的书也会变成专属于自己的宝贵财富。希望大家都能够把书当作文具一样自由地使用。

书籍要从你认为有趣的地方开始阅读，同时要把书籍当作文具来使用。这样阅读的时间才能变成"活

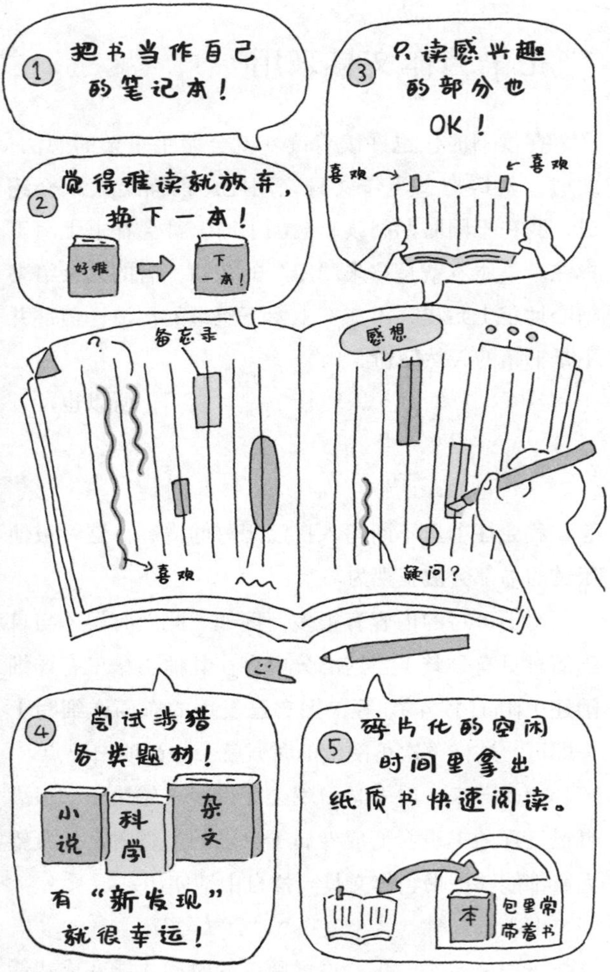

①把书当作自己的笔记本！
②觉得难读就放弃，换下一本！
好难
下一本！
③只读感兴趣的部分也OK！
喜欢
喜欢
?
备忘录
感想
喜欢
疑问？
④尝试涉猎各类题材！
小说
科学
杂文
有“新发现”就很幸运！
⑤碎片化的空闲时间里拿出纸质书快速阅读。
本
包里常带着书

着的时间"。即使是大家都推荐阅读的书籍,如果自己不感兴趣,那么就算强迫自己阅读,也不过是翻来翻去浪费时间。

相反,如果阅读你发自内心认为有趣的书籍,那么它就会成为促进你成长的精神食粮。所以大家在阅读初期一定要大胆尝试各类题材。

也就是说,"泛读"是非常有意义的。也许在不经意间,你就会发现与自己十分契合的作者。小说也好,散文也好,科普书也好,希望大家能够多多体验这种"发现"。

文化修养蕴含的强大力量

文化修养能够丰富我们的人生,其重要性我们已经多方面阐述过。其实,大学之前的学习就足以让我们积累终身受益的"文化修养"。前面已经写到,人生的成功无非就是顺利发展的工作、良好的人际关系、丰富多彩的兴趣体验。其中,人际关系和兴趣爱好都与文化修养息息相关。

例如在择偶时,如果一个人只对自己喜欢的事情十分专注,对其他事情一窍不通也不关心,那么这种人通常会因为眼界狭隘而不太招人喜欢。

相反,对各种事情都感兴趣并且见多识广的人就会更有魅力。因此,要构筑良好的人际关系,文化修养就显得非常重要。

这里想给大家分享一个正面案例,是温斯顿·丘吉尔(1874—1965)的故事。作为在"二战"白热化期间带领英国走向胜利的首相,丘吉尔在此之前曾多次在选举中落选。为了找到落选的原因,丘吉尔开始认真研读历史书《罗马帝国衰亡史》。

这是18世纪英国著名历史学家爱德华·吉本(1737—1794)的著作,该书精彩地描述了罗马帝国是如何称霸世界又走向灭亡的过程,全文通俗易懂,吉本的文笔也被视为英文写作中的典范。

在落选期间,丘吉尔并没有萎靡不振,而是努力学习世界史,同时还掌握了吉本高超的写作能力。据其在自传中所述,当选首相后丘吉尔之所以能发表诸多精彩的演讲,与当时阅读《罗马帝国衰亡史》的经历息息相关。

1940年5月13日,丘吉尔在议会上发表的演讲振奋了英国人,被希特勒压倒性的军事力量逼到绝境的英国毅然奋起,并最终取得了战争的胜利。

丘吉尔在《第二次世界大战回忆录》里详细描述了事件的经过,这部包含其演讲在内的著作后来被授予诺贝尔文学奖。

由此可见,文化修养在人生和社会中发挥着如何巨大的作用。如果丘吉尔没有阅读吉本的作品,那么英国甚至同盟国可能不会取得"二战"的胜利。文化修养蕴含着强大的力量，请大家将这一点铭记在心。

即使不是这种轰轰烈烈的伟大事迹，文化修养对于我们创造丰富的人生也极为重要。并且，这种文化修养其实在备考的学习过程中就能够培养。例如，《第二次世界大战回忆录》这本书，就是我在高中时期学英语时偶然得知的。文化修养其实就是学习中的一种缘分。

现在的我对日本的桃山时代很感兴趣，我很喜欢那时烧制的备前烧陶器。要想了解备前烧的背景，就需要了解那个时期的日本史，而我在高中时完全没有学过日本史，所以如今的我开始补课。虽然距离高中毕业已经过去了半个世纪，但现在从头学习日本史我仍然感觉十分快乐。

知识是好奇心的源泉

跟提高考试效率的"技能学习力"相比，文化修养属于"内容学习力"的范畴。也就是说，备考学到的知识是文化修养的根基。成人的好奇心模式不同于孩子，它建立在了解的基础上。有人说灌输过多的知识会导致好奇心的磨灭，这显然是无稽之谈。

在科研中，点子越多的人越是博学，所以才能够从完全不同的角度开展研究。广阔的防守范围本身就是一种武器。

我经常举数学家冈洁（1901—1978）的例子。他在代数论领域取得举世瞩目的成绩并获得了文化勋章，但他并不是那种对数学以外的领域都不感兴趣的宅男。

冈洁十分精通镰仓时代的高僧道元（1200—1253）关于佛教禅宗的集大成之作《正法眼藏》以及松尾芭蕉（1644—1694）的俳句世界，甚至自称为二人的弟子。冈洁本人也曾在其著作《春夜十话》中提道：对数学研究来说，文化修养和情绪必不可少。

因此，正如第一章谈到系统化地规划备考时所说，请大家努力地挤出时间，用这些间隙时间去激发自己的好奇心，提高自己的文化修养。

备考所习得的知识和技能非同小可，这是我结合自身经历总结出来的观点，在京大授课的二十四年间我也一直这样告诉我的学生。经历过考试，才能够对自己平时漠不关心的内容产生兴趣，培养出让自己受益终身的能力。

正如第一章所述，向考试发出挑战并不是无用之功，而是掌握人生必要能力的绝佳机会，希望大家一定要去体验。

最后，关于如何培养自身的文化修养，我在"京都大学最后一课"中也有详细的阐述，欢迎大家通过YouTube官网上的京都大学开放课程（OCW）订阅收看。

后记
为什么要住在火山、地震频发的日本？

在本书的结尾，我想从我的专业——地球科学的角度出发，跟各位读者分享一些关于未来的思考。

日本地壳在2011年遭遇了极大变化。或许大家已经记忆模糊，在这一年发生了东日本大地震。它几乎动摇了日本的整个东半部，造成了前所未有的损害。此后，日本列岛就进入了千年一遇的"大地变动的时代"。

正是在这种无论发生什么样的意外都不足为奇的动荡时代，终身学习的必要性变得愈加显而易见。而不论我们自愿与否都必须经历的大学入学考试的备考，其实正是终身学习的重要基石。

日本正处于"大地变动的时代"

那么，在大地变动的时代，我们的处境究竟如何呢？

2011年3月11日，在日本东北地区发生了9级大地震，震源位于三陆海域的太平洋海底，地壳因此向东西方拉伸了近五米。同时引发巨大海啸，造成近两万人死亡，东日本大地震由此而得名。

由于地下持续处于极其不稳定的状态，地壳不断的复原过程又导致了地震和火山喷发现象的增加。因此，之后日本列岛的地震和火山喷发频频发生。

听到这里也许你会觉得有些害怕，但是请别担心，在迄今为止一次又一次的大地震中，日本都挺了过来，这是在西方都罕有的奇迹。日本人早已掌握了在摇晃的大地上顽强活下去的能力。

在日本，关于火山的研究十分先进。通过观测地下岩浆活动导致的地壳运动，可以在很大程度上提前预测火山的喷发。

如果能够借助科学的力量预测灾害，既可以提前避难，也可以避免遭受伤害。正是因为这个国家常常遭受自然灾害，我们才拥有了这些防患于未然的先进智慧，大幅降低受灾的概率。

从社会课中学到的地理知识告诉我们，日本石油和煤炭等资源匮乏，多地震、火山、台风，不适宜居住。那么，在这样的困难条件下，是什么支撑着我们活到了现在呢？答案就是"人才"。

日本是一个资源匮乏的国家，但这片土地上的人们通过努力学习知识、增加智慧、克服各种恶劣条件，最终将这个国家发展到了今天的地步。日本国土面积狭小、地震频发、地下资源匮乏，却发展壮大至今，这不正是激发我们学习地理的一个有趣视角吗？

AI时代要学什么？

在这个时代，首先要知道自己不知道什么，然后用批判性的思维去看待那些过去的定论或常识，并在此基础上做出深入的思考。而学习正好为我们提供了这样一个契机。注重培养这种探索精神及方法，就能让我们在面对充满不确定性的未来时无所畏惧。

近年来，由于计算机的飞速发展，社会正在发生巨大转变，尤其是显著发展的"AI（人工智能）"技术。在不久的将来，人类的诸多工作也许都将被AI替代。实际上，众多领域早已开始使用AI，本书中反复提到的"人类的遗产"，其中最尖端的成果就是AI，我们早已将AI理所当然地视为日常生活的一部分了。

那么，有什么事情是人类能够做到，但AI做不到的呢？在寻找人类的不可替代性之时，线索也源自学习。因此，AI做到的事情可以放手交给它们，而人类要做的是通过学习来锻炼聪慧的头脑，用以支配AI。这恐怕才是生活在AI时代的聪明做法。

AI无法打动人心、左右情感，因此像咨询师之类需要关注人的情感与意识的职业只有人类才可以胜任。

宗教所发挥的作用也是AI无法替代的。很多人由于读了《圣经》或者《叹异抄》等宗教典籍（这些都属于人类的文化遗产）而备受感动并改变人生，这是科技无论如何发展也做不到的。

AI的确在处理模板化信息方面表现出色,但是人生却不是一个固定的模板,它充满了偶然。同样,地球也充满了各种各样的意外。在这种环境下,最需要的是随机应变的能力以及能够发挥这种能力的输出力。而这正是需要大家通过"百年无敌"的学习才能掌握的能力。

我想,培养应对各种突发意外事态的能力最简单的方法就是"活学"。书就是知识的结晶,就是文化遗产本身。

例如,古代哲学家苏格拉底(公元前470—前399)和近代科学的奠基人笛卡儿(1596—1650)在很早以前就揭露了人类智慧的本质,只要看书就能明白这一点。

通过阅读不断学习新的事物,就能够慢慢地改变自己、积累智慧。越是能够不断学习并且加以实践的人,越是可以轻松应对即将到来的AI时代。

学习最大的报酬是……

最后,还有一句话想告诉大家,这也是我经常对京大学生们说的一句话:"位高则任重。"

这句话源自法语"noblesse oblige",意思是"有地位的人同时也肩负着责任"。以前的欧洲贵族平日里可以玩物丧志，但一旦发生战争，他们必定率先带军出征，勇敢地守卫自己的国民，这就是他们的义务。

一直以来京大学生都受到良好的教育，所以我认为他们步入社会之后有义务报效社会。实际上，不只是京大学生，所有的初中生、高中生也是如此。之所以这样说，是因为能够顺利降生于这个世界，顺利地读完初中和高中，就已经算是高贵的生命体了。

这种想法源自我在地球科学领域的知识储备，38亿年来，生命得以延续是一件多么不容易的事情，所以仅仅是活下来就堪称高贵。要说初中生和高中生为何而学，我想就是为了大家作为高贵的生命能够回馈社会的那一天。

这就是"位高则任重"的本意。我还想告诉各位读者，其实回馈社会本身就是最快乐的事情。

最后，我想对筑摩书房的伊藤笑子女士表示衷心的感谢，她为撰写本书提供了诸多帮助。

> 写于致力于将"活学"传递
> 给年轻人的京都大学新研究室
> 镰田浩毅

推荐书目

以下三本书我自己也会反复阅读,推荐给各位中学生。

第一本书是塞林格的《麦田里的守望者》。作者用清新的笔触描写了一名高中少年的日常,是一部永久流传的青春文学之作。书中对主人公与成人世界之间的冲突、主人公内心复杂情感的描写永不过时,直至今天仍能在青少年中引起强烈的共鸣。

青春是不安的,而《幸福之路》出色地为我们拂去了这层不安。在这本书中,20世纪最智慧的数学家和哲学家伯特兰·罗素为我们揭示了追求幸福之路的独特方法。他热切地说道:"只要愿意全方位努力,谁都可以变得幸福。"我邂逅这本书是在母校筑波大学附属驹场中学读初三的秋天。成为高中生之后,罗素的名字就开始在英文阅读中频繁出现。多亏了罗素,我开始喜欢上英语,并在成为火山学者之后留学美国时跑到二手书店买齐了他的英文原版书。于我而言,罗素和温斯顿·丘吉尔就是我的人生目标。

第三本书是詹姆斯·沃森的《双螺旋》,他在二十五岁那年就发现了DNA双螺旋结构并获诺贝尔生理学或医学奖。本书如实描写了围绕这一重大发现展开的激烈竞争,使得本书在全球畅销。

在京都大学工作的二十四年里,每年我都会向学生们推荐这几本书。令人欣慰的是，这些书确实激励了不少同学。

期待大家能在中学时代挑战这些打开世界大门的名著！

产品经理：邵嘉瑜
视觉统筹：马仕睿 @typo_d
印制统筹：赵路江
美术编辑：梁全新
版权统筹：李晓苏
营销统筹：好同学

豆瓣 / 微博 / 小红书 / 公众号
搜索「轻读文库」

mail@qingduwenku.com